MANUAL DE ESPUMAS

AF273537

Gerardo Diego

MANUAL DE ESPUMAS

Edición de Juan Marqués

poesía

Fundación Gerardo Diego & papeles*mínimos*

© Fundación Gerardo Diego, 2024
© Herederos de Gerardo Diego, 2024
© papeles mínimos ediciones
Primera edición: mayo de 2024

Fotografía p. 1
Gerardo Diego en la playa, años 20
[Archivo de Gerardo Diego, Madrid]

Fotografías pp. 114-117:
© Autoridad Portuaria de Santander

Diseño de colección: *papeles mínimos*
Impresión: *Mabegraph*
ISBN: 978-84-125115-7-4 Depósito Legal: M-11946-2024

PAPELES MÍNIMOS EDICIONES
Almadén, 6, 2.º D - 28014, Madrid. T.: 91 0414938 / 636737883
www.papelesminimos.com

LA PUBLICACIÓN DE ESTE LIBRO HA CONTADO CON UNA AYUDA
DE LA FUNDACIÓN GERARDO DIEGO Y DE SUS PATRONOS:
EL AYUNTAMIENTO DE SANTANDER Y LA CONSEJERÍA DE CULTURA,
TURISMO Y DEPORTE DEL GOBIERNO DE CANTABRIA.

LA VANGUARDIA INOCENTE

Juan Marqués

I

Estoy cada día más seguro de que a la poesía no le gusta mucho que hablemos de ella, de modo que convendrá abordarla por medio de merodeos o incluso de atajos, hablando de poetas, o de poemas, o acaso de libros enteros, como haremos ahora aquí. Al igual que sucede con determinados dioses, la poesía no se deja nombrar, pero se deja aludir. No hay nada que decir sobre ella (dan ganas de escribir «sobre Ella»...) porque casi nada sabemos, pero se la puede, más o menos, mencionar y señalar, aunque para ello haya que apuntar a todos lados, hacia lo alto y hacia lo hondo. Sabemos que su «objeto de estudio» es todo lo real (entendiendo «lo real», además, de una forma muy amplia, no como «lo material» o «lo visible» sino como «lo existente»), de modo que asumimos que la poesía está por todos lados (salvo en los festivales de poesía) pero no comprendemos cuál es su naturaleza, y en el fondo es bueno que así sea. Si alguna vez lograse alguien escribir el poema definitivo, los versos que por fin respondiesen a todas las preguntas o vacíos de los que se pueda dar cuenta, creo que no querría leerlo, o que, si lo leyese, sería cuando yo mismo, como lector, comenzaría a sentirme afligido, con la insatisfacción tremenda de haber llegado, cuando lo bonito era la búsqueda, el camino, la intención o hasta la ignorancia. Puede parecer paradójico, pero en lo que respecta a la poesía, el misterio será siempre parte inextirpable de la respuesta.

Sin pretender llegar demasiado lejos en esta presentación, es bien sabido que las vanguardias literarias han sido, según se mire, uno de los intentos más audaces, o divertidos, o penosos, o lúdicos, o violentos, o estériles, o profundos, o sinceros, o radicales, o extremos, o en el fondo desesperados de llegar al corazón de la poesía y, en él, de escarbar en su verdad, de tratar de entender qué es lo que oculta, qué es lo que tendría que revelar. Llegar a comprender la poesía sería llegar a comprender la vida, y todos esos ismos que circulaban hace cien años pretendían de un modo u otro, se lo propusieran o no, encontrar ese tesoro. Lo hacían por medio de recursos literarios que desde el principio admitían su impotencia, su imposibilidad, pero yo diría que eso los colocaba en una situación en la que tal vez ya estaban más cerca del hallazgo. En la poesía, como en la vida, todo es tanteo, y cualquier tipo de seguridad alejará del éxito, aunque también conviene hacerlo con algo más de humildad, de silencio y de soledad que las que por lo general caracterizaban a la mayoría de aquellos señores y aquellas señoras de los manifiestos.

En una de sus muy antipáticas y dogmáticas directrices, André Breton escribió aquello tan citado de que el acto surrealista más simple o más puro consistiría en salir a la calle con un revólver y disparar sin más a la multitud. La tentación terrorista era, por supuesto, de boquilla, pura provocación de alguien sin demasiadas cosas valiosas que decir, pero sí es verdad que algunos movimientos «de avanzada» implicaron en algún momento cierto vandalismo, pequeños atentados contra exposiciones de pintura que consideraban trasnochadas, cartas agresivas a creadores supuestamente superados (Juan Ramón Jiménez tuvo que sufrir las de Dalí y Buñuel), interrupciones a gritos de obras de teatro o, en fin, bromas muy graciosas o de muy mal gusto que a veces contenían un boicot, y siempre una declaración, casi un intento de imposición del arte nuevo, con un desprecio explícito y militante hacia todo lo que había habido antes o todo lo que quedaba fuera de sus vociferantes proclamas, que no en vano estuvieron tantas veces tan próximas a los totalitarismos políticos.

Pero cuando se mira hacia atrás es fundamental abrir el diafragma de la cámara y observar que hubo mucho más, un poco fuera de foco, lejos de París (aunque siempre, se diría, con París en el horizonte), con ganas de aportar algo desde fuera del centro, con una ambición igual de activa y atenta pero también más modesta... Lo que quiero decir es que en este 2024 se cumplen cien años de la primera publicación del *Manual de espumas*, de Gerardo Diego, que es uno de los libros vanguardistas más amables que se dieron en esos primeros años de osadías, cuando todo era especialmente confuso y alegre, entretenido y estimulante. Alguien como Diego, tan lector y todavía tan joven, tan activo y tan inquieto, con tantas legítimas ganas de decir cosas y de llegar a los sitios desde los que poder decir más, supo escribir un ramillete de poemas que demuestran que la afinidad por las nuevas corrientes podía adoptar un tono casi ingenuo, que la ruptura formal no implicaba necesariamente el fin de la inocencia, que se podía estar al día en lo estético y a continuación, para entendernos, asistir a misa.

Nacido en octubre de 1896, Gerardo Diego tenía ya veintiocho años cuando vio publicado su *Manual*, aunque lo había escrito aún más joven. Fueron exactamente treinta poemas, y su aspecto libresco no puede ser más humilde. La colección Cuadernos Literarios, dependiente de la editorial La Lectura, fue tan importante en lo literario como pobre en lo tipográfico, pero fue ésta una pobreza bellísima y sobre todo duradera, una lección de cómo levantar un catálogo realmente serio (y, pasadas las décadas, sorprendente en lo que tuvo de reunión eficaz de generaciones) con poquísimos recursos materiales o tipográficos. Los Cuadernos Literarios merecerán alguna vez una monografía detallada, pero por el momento recordemos que allí vieron la luz textos de todo tipo de géneros que defendían a su vez sensibilidades y miradas muy diversas y, digamos, ecuménicas, una buena metonimia de todas las literaturas españolas de aquel momento: a libros de los noventayochistas Ramón Menéndez Pidal, Pío Baroja, Azorín o Santiago Ramón y Cajal, se juntaron las crónicas de viajes de los pintores José Gutiérrez Solana y Darío de Regoyos, y allí colocaron ya algunos de sus primeros volúmenes los nuevos nombres de lo que empezaba a ser la prosa y la poesía del 27: protegidos por sus pajizas, casi bastas, cubiertas marrones, salieron los *Ejercicios* de Benjamín Jarnés, la *Geografía* de Max Aub (cuando todavía no era «muy Aub», y chapoteaba a tientas en esos charcos vanguardistas), el *Julepe de menta* de Ernesto Giménez Caballero, artículos de Antonio Espina (*Lo cómico contemporáneo*), *El Paraíso desdeñado* de Mauricio Bacarisse, o *Brocal,* el debut literario de Carmen Conde. Se anunciaron en las contracubiertas libros de Antonio Machado, Manuel de Falla, Pedro Salinas, Federico García Lorca o José Ortega y Gasset (que, por descontado, capitaneaba la colección sin figurar pero sin disimulos): nunca salieron, pero sí llegaron a imprimirse muestras de la escritura de varios miembros de la generación intermedia, como poemas de Enrique Díez Canedo, ensayos de Eugenio d'Ors, la lectura de Manuel Azaña sobre *Pepita Jiménez* de Juan Valera, un peldaño más en la canonización definitiva que Ortega quiso para Ramón Gómez de la Serna (locuaz y goyescamente titulado *Caprichos*), unas conferencias sobre arte de Margarita Nelken, «visitantes» tan principales como el mexicano Alfonso Reyes o una breve pieza teatral de José Moreno Villa (*La comedia de un tímido*), quien, aparte del autor de muchos de los retratos que ilustraban la colección (entre ellos el del *Manual de espumas*), tenía bastante mando en la elección de títulos, como veremos enseguida.

Aunque la publicación de alguno de estos libros citados tenía mucho de apuesta, y aun de riesgo, vemos que predominan los nombres prestigiosos, y sobre todo hay que notar que, para los más jóvenes, ser invitado a publicar allí implicaba ya una primera consagración, poco menos que ser invitado a la fiesta de una posteridad que estaba premeditada, planeada, y que resultaría, digamos, racional, una posteridad justificable.

y II

En el caso de Gerardo Diego, el camino hacia los Cuadernos Literarios había comenzado tal vez en 1919, cuando pronunció, primero en el Ateneo de Santander y luego en el de Bilbao, la conferencia titulada «La poesía nueva», en la que, aparte de recitar una muestra de poemas que de uno u otro modo se adherían a diferentes líneas de renovación de la literatura en verso, Diego declaraba sin tapujos su afiliación al creacionismo y explicaba algunas características que son muy reveladoras a la hora de abordar la lectura del *Manual*: «La imagen es la célula del organismo vivo que aspira a ser el poema creacionista. Las imágenes se agrupan libremente según sus afinidades íntimas, se colocan autónomamente con arreglo a escalas arbitrarias, a paralelismos plásticos, se ayudan unas a otras sosteniéndose en un equilibrio arquitectónico; en una palabra, se coordinan físicamente para integrar el ser vivo e independiente que debe ser el poema».[1]

Al año siguiente de esas intervenciones, sin embargo, ese entusiasta y constante lector y pensador de la poesía que fue Diego publicó una ópera prima, *El romancero de la novia*, que, escrito tiempo atrás, de ningún modo respondía a esas convicciones leídas ante los más o menos escandalizados auditorios de su ciudad (y de la de su íntimo amigo Juan Larrea) ni pudo agradar a Vicente Huidobro, el escritor que había traído el creacionismo a España en 1918, y por quien Diego sentiría enseguida una devoción exagerada. En 1922 apareció el segundo libro del autor, significativamente titulado *Imagen*, pero en 1923 volvió a dar «una de arena» al dar a luz *Soria. Galería de estampas*

1. Gerardo Diego, *La poesía nueva. (La conferencia y la polémica, 1919)*, Madrid / Santander, Publicaciones de la Residencia de Estudiantes / Fundación Gerardo Diego, 2014, p. 80. Edición de Juan Manuel Díaz de Guereñu.

y efusiones, que, según le contó Larrea, también disgustó previsiblemente a ese poeta chileno al que tanto sobrevaloraban ambos: «[Huidobro] te reprochaba, no haber escrito, sino publicado *Soria* [...] encontrándolo muy clásico dentro del estilo tradicional, muy Moréas».[2] Si 1924 terminó con la aparición del *Manual*, en 1925 volvió la «reacción» con la edición de *Versos humanos*. Y si la amplia órbita de Ortega había sancionado favorablemente «el arte nuevo» de Diego al publicarle en los Cuadernos Literarios (destino «natural» tras aceptarle desde el fundacional 1923 artículos y reseñas en la *Revista de Occidente*), podríamos pensar que, aunque fuera resultado de una feliz carambola, el Premio Nacional que recibió *Versos humanos* dio también valor a esa tendencia más tradicional del poeta santanderino, que veía así, a las puertas de cumplir los treinta años, oficial u oficiosamente reconocidas todas las líneas de su obra.

2. Gerardo Diego – Juan Larrea, *Epistolario 1916-1980*, Madrid / Santander, Madrid, Publicaciones de la Residencia de Estudiantes / Fundación Gerardo Diego, 2017, p. 460. Edición de Juan Manuel Díaz de Guereñu y José Luis Bernal Salgado.

Sea como sea, esa tan precoz forma de barajar libros «clásicos» con libros más «modernos» es algo que Diego haría a lo largo de las décadas, aunque enseguida se apearía de la vanguardia para más bien ir yuxtaponiendo durante toda su trayectoria libros muy distintos en lo temático, en el tono o en el enfoque: libros sobre ciudades o de tema taurino, antologías de poemas de tipo religioso, homenajes a otros poetas, recopilaciones de poemas de amor, apuntes de humor o de circunstancias, o la recuperación tardía de versículos experimentales parcialmente escritos en estos años 20, como el especialmente inspirado y colorista *Biografía incompleta*, uno de sus mejores libros. Por otra parte, este «maniático de la poesía»[3] ejerció siempre de «editor de sí mismo»[4], en expresión exacta de Francisco Javier Díez de Revenga, a través de numerosas auto-antologías monográficas.

3. Así se autorretrató Diego en carta a Pilar de Valderrama del 27 de abril de 1959, reproducida muy recientemente en Alicia Viladomat y Juan Marqués (eds.), *Las palabras de un secreto. Pilar de Valderrama*, Madrid, Instituto Cervantes, 2023, p. 175. **4**. En su «Introducción» a Gerardo Diego, *Poesía completa I*, Valencia / Santander, Pre-Textos / Fundación Gerardo Diego, 2017, p. 12. Edición, introducción y notas de Francisco Javier Díez de Revenga.

En una de ellas Diego recordó que *Manual de espumas* fue escrito «en la paz feliz de la playa cantábrica»[5], y por las cartas a Larrea vemos que los treinta poemas del libro fueron componiéndose entre la primavera y el otoño de 1922, es decir, un tramo de tiempo decisivamente marcado por el revelador viaje que Diego hizo a París aquel verano, invitado por Huidobro, y en el que se enamoró del cubismo, así como se sumergió no de oídas sino de verdad en lo que andaban haciendo las nuevas colecciones francesas de poesía, en las que el diálogo entre palabra e imagen era mucho más que un juego o una cuestión visual. Era algo estético, por supuesto, pero también «espiritual», el mejor modo que encontraron para manifestar la naturaleza profunda del asunto.

Lo cierto es que el 23 de octubre, ya de vuelta, Diego envía a Larrea, dice, «diez engendros» fechados entre mayo y octubre, y el 26 de noviembre le informa de la existencia de «mis

5. Gerardo Diego, *Versos escogidos*, Madrid, Gredos, 1970, pero yo lo cito de la «Introducción» de Milagros Arizmendi a su edición crítica de Gerardo Diego, *Manuel de espumas / Versos humanos*, Madrid, Cátedra, 1995, p. 11.

nuevos vástagos que en número aterrador de ¡veinte! componen con los diez que posees el caudaloso repertorio de mi flamante *Manual de espumas* [...] ya puesto en limpio, expurgado y susceptible, según creo, de muy pocos mejoramientos.[6]

En los dos años largos que faltaban para la aparición material del libro (parece que se imprimió a finales de 1924, pero no empezó a circular hasta enero de 1925),[7] hubo un primer intento por publicarlo dentro de una iniciativa editorial que impulsó Pedro Garfias, ligada a la revista *Horizonte* (donde aparecieron por primera vez los poemas «Primavera» y «Rima»). Gerardo Diego aportó quinientas pesetas para ello, y el libro llegó a anunciarse como «en prensa» en el número 5 de la revista (del verano de 1923), pero, ante los sucesivos retrasos o los insistentes silencios por parte de

6. Ver Diego y Larrea, *op. cit.*, pp. 421 y 441. Entre las páginas 423 y 432 se transcriben los diez poemas de adelanto, pero, por aquello de las variantes, es mejor leerlos en el facsímil que José Luis Bernal Salgado incluye como anexo de su exhaustivo y detallista *Manual de espumas. La plenitud creacionista de Gerardo Diego*, Valencia / Santander, Pre-Textos / Fundación Gerardo Diego, pp. 127-155. 7. Ver la nota de Díez de Revenga en Diego, *Poesía completa I*, *op. cit.*, p. 233.

Garfias, Diego pidió a Larrea que hablase con Moreno Villa sobre la posibilidad de colocarlo en los Cuadernos Literarios, y el leal amigo vizcaíno cumplió: «Estuve con Moreno Villa. [...] Procurará que la tercera serie salga antes de fin de curso pero a nada puede comprometerse hasta ver la aceptación de las primeras ediciones. Quedó en escribirte».[8]

Quienes buscamos afanosamente las primeras ediciones de los libros lo hacemos exactamente por aquello que por fin acertó a expresar con gran puntería Roberto Calasso: «La verdad es que lo mejor sería leer todos los libros en su primera edición. No porque sean más singulares o valiosas, sino porque son el resultado de una combinación de elementos —impuestos al autor o sugeridos por este, o que sencillamente se dieron de ese modo— que se convierten en parte de la obra, como el sello del tiempo sobre las páginas».[9] Es cierto que los detalles formales de un libro, su «envoltorio», su tipografía,

8. Diego – Larrea, *op. cit.*, p. 468. Ver también Bernal Salgado, *cit.*, pp. 21 y ss.
9. Roberto Calasso, *Cómo ordenar una biblioteca*, Barcelona, Anagrama, 2021. Traducción de Edgardo Dobry.

sus paratextos... son altamente reveladores para quien sepa interpretarlos, y es por eso por lo que ofrecemos hoy en semi-facsímil un libro que conviene imaginar así, pobretón pero refulgente. Dado, además, que los poemas del *Manual* no han mostrado modificaciones relevantes a lo largo de sus varias reapariciones en antologías u obras completas (casi todas ellas, como explicaba arriba, directamente supervisadas por el propio Diego), podemos remitirnos sin demasiadas reservas filológicas a su primera puesta de largo, ya casi centenaria.[10]

Y ofrecemos así a los lectores la ocasión de volver a recorrer un librito en el que incluso los defectos conspiran a favor de su irresistible simpatía, desde la excesiva generosidad de las dedicatorias (a Ramón Gómez de la Serna, a Alfonso Reyes, a Melchor Fernández Almagro, a Manuel Machado, a Juan Gris, a Ernesto Halffter, a Jorge Guillén, a Francisco Vighi, a José Bergamín, al propio José

---

10. La Fundación Gerardo Diego ya publicó en 2007 un facsímil del *Manual de espumas*, editado para acompañar a la citada monografía de José Luis Bernal Salgado.

Moreno Villa o a los amigos hechos en el verano parisino de 1922, como Daniel-Henry Kahnweiler, Maurice Raynal, Paul Dermée y Céline Arnauld…, aparte de la dedicatoria general al célebre poeta local José Ciria y Escalante, que había muerto de tifus en junio de 1924) hasta la clara provocación que hay en la cacofonía buscada de ripios que, muchas veces, implican un brusco hipérbaton («La primavera nace / y en su cuerpo de luz la lluvia pace», «Del campanario va a volar el día / pero las nubes mías no han vuelto todavía»…). La golosa forma de reformar algunos tópicos contrasta con el feliz modo de caer en otros, y, por otro lado, la tentación del estribillo (que tanto pareció irritar a Larrea, aunque lo negase), la música ya no como ritmo sino como tema, la relativa ausencia de puntuación, la mezcla del agradable paisaje exterior (siempre de color inconfundiblemente cantábrico, explícitamente norteño) y de las dulces corrientes íntimas, las siempre inaceptables rimas en -ón o hasta los laísmos («La noche ha abierto el piano / y yo las digo [a las estrellas] adiós con la mano») contribuyen a acorazar y elevar el libro de un vanguardista a quien le atraían mucho menos la revolución o el opio que pasear y comer con sus padres todos los domingos.

Y no fue a su pesar que le saliera un libro tan alegremente atravesado por el espíritu de esa gran imagen polisémica de la «la nieve infantil»: nada de agresividad o de blasfemias, aquí la iconoclastia sólo se da a través de algunas correspondencias o identificaciones que buscan sorprender sin epatar, despertar sonrisas y no enfados, cosechar complicidad y no represalias. Como declaración de intenciones, aquí se mira lejos, hacia el tan nombrado cielo, el omnipresente sol, las admiradas estrellas, el mar que claramente descansa o brama en el título. Y no fue tanto la vanguardia como es la propia poesía la que salió reforzada con el nacimiento de este libro, diminuto y eterno: «Diríase que el sol / se ha burlado del parque».

MANUAL
DE ESPUMAS

GERARDO DIEGO

MANUAL
DE ESPUMAS

CUADERNOS LITERARIOS

MANUAL DE ESPUMAS

Imp. Ciudad Lineal.-Madrid.-Teléf. S-12.

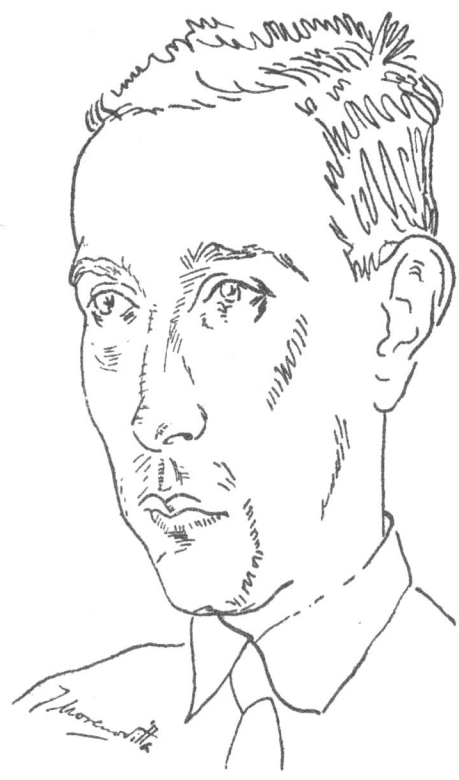

GERARDO DIEGO

GERARDO   DIEGO

MANUAL
DE ESPUMAS

MADRID, 1924

SOBRE LA TUMBA INESPERADA DE
JOSÉ DE CIRIA ESCALANTE,
AMIGO INDELEBLE, ESTOS VERSOS
QUE ÉL AMABA, HOY CON VOLUNTAD DE FLORES

PRIMAVERA

A Melchor Fernández Almagro

Ayer   Mañana
Los días niños cantan en mi ventana

Las casas son todas de papel
y van y vienen las golondrinas
doblando y desdoblando esquinas

Violadores de rosas
Gozadores perpetuos del marfil de las cosas
Ya tenéis aquí el nido
que en la más bella grúa se os ha construido

Y desde él cantaréis todos
en las manos del viento

Mi vida es un limón
pero no es amarilla mi canción
Limones y planetas
en las ramas del sol
Cuántas veces cobijasteis
la sombra verde de mi amor
la sombra verde de mi amor

La primavera nace
y en su cuerpo de luz la lluvia pace

El arco iris brota de la cárcel

Y sobre los tejados
mi mano blanca es un hotel
para palomas de mi cielo infiel

MIRADOR

A Ramón Gómez de la Serna

De balcón a balcón
los violines de ciego
tienden sus arcos de pasión

Es algo irremediable
cortar con las tijeras estas calles

Las cartas nacidas de mi regazo
aprenden a volar algo mejor
y a un peregrino arrepentido
se le ha visto bajar en ascensor

En el bazar
las banderas renuevan el aire

y el caballo de copas lleva el paso
mejor que un militar

Y tú   manso tranvía
gusano de mis lágrimas
que hilas mi llanto en tus entrañas

Condúceme a tu establo
y sácame del pozo en que te hablo

Yo te prometo que esta primavera
tu vara florezca en todos los tejados
tejados olvidados
en los que ya no pastan los ganados
y a los que nunca sube el surtidor

Dejemos al Señor
que arranque las estrellas
y durmámonos
sin consultar con ellas

EMIGRANTE

El viento vuelve siempre
aunque cada vez traiga un color diferente

Y los niños del lugar
danzan alrededor de las nuevas cometas

> Canta cometa canta
> con las alas abiertas
> y lánzate a volar
> pero nunca te olvides de tus trenzas

Las cometas pasaron
pero sus sombras quedan colgadas de las puertas
y el rastro que dejaron
fertiliza las huertas

Por los surcos del mar
ni una sola semilla deja de brotar
Chafadas por los vientos y los barcos
las espumas reflorecen todos los años

Pero yo amo más bien
los montes que conducen sobre sus lomos ágil
las estrellas expulsadas del harem

Pastor marino
que sin riendas ni bridas
guías las olas a su destino
No me dejes sentado en el camino

El viento vuelve siempre
Las cometas también
Gotas de sangre de sus trenzas llueven
Y yo monto en el tren

MESA

A Waldemar George

Yo recorrí los mares
embarcado en tu mano
y en los manteles puse un sabor de oceano

Los peces giran en torno de mi faro
Pero los barcos naufragaban en el mapa
y el rumor de las olas desplegaba mi capa

El mar ya no se cuida de ser redondo

No penséis en la muerte

No es fácil llegar al fondo
ni hacer de nuesta alfombra la rueda de la suerte

El sol nace en la mesa
y el árbol del poniente pierde las hojas viejas

Esta es la cruz del mar
Nunca crece ni mengua

Esperad que la lámpara se oriente

Y entonces nuestros platos
girarán bellamente
a la música exacta de los astros

FUENTE

Mecanismo de amor
Mi grifo versifica mejor que el ruiseñor

Y eras tú y tu vestido
lo que todos los días he bebido

                    camino de la noche
                    junto al árbol real
                mientras el viento espera
                la hora de abrir el hospital
Pero tus ojos ya no vuelan
y las últimas ventanas están muertas

2

GERARDO DIEGO

El agua en el balcón
como un perro olvidado

Mi corazón y el baño se vacían

Puedes dormir tranquila
                    No hay cuidado

PARAÍSO

A J. Moreno Villa

Danzar
                Cautivos del bar

La vida es una torre
y el sol un palomar
Lancemos las camisas tendidas a volar

Por el piano arriba
subamos con los pies frescos de cada día

Hay que dejar atrás
las estelas oxidadas
y el humo casi florecido

Hay que llegar sin hacer ruido

Bien saben los remeıos
con sus alas de insecto que no pueden cantar
y que su proa no se atrevió a volar

Ellos son los pacientes hilanderos de rías
fumadores tenaces de espumas y de días

Danzar

                       Cautivos del bar

Porque las nubes cantan
aunque estén siempre abatidas las alas de la m

De un lado a otro del mundo
los arcoiris van y vienen
para vosotros todos
los que perdisteis los trenes

Y también por vosotros
mi flauta hace girar los árboles
y el crepúsculo alza
los pechos y los mármoles

as nubes son los pájaros
 el sol el palomar

Hurra

                    Cautivos del bar

a vida es una torre
ue crece cada día sobre el nivel del mar

CANCIÓN FLUVIAL

A Juan Gris

Por las praderas giratorias
pasa solo una vez el río taciturno
cuando la noche toca su disco de gramófono
y los pájaros cuelgan de los árboles mustios

Aún las últimas gotas de luna
perfuman de alcoholes los mantos de la brum
y el tren que iba bendiciendo el panorama
no perdió los kilómetros ni el compás de la ru

Pero dejemos esto
y descifremos bien este libro de texto
que el sol nos ha legado
con una sola página herida en el costado

La araña telegráfica
distribuye la noche
y mientras en su jaula de cristal
reposa el pozo vecinal
yo veo que la estrella y el multicopiador
enojan al poeta que ha volado al portal

Hay que cambiar de rumbo
y como quien se lleva las flores del paisaje
cargar sobre los hombros el lírico equipaje

Surtidores maduros
que ofrecéis en las márgenes
vuestros intactos frutos
Es preciso pasar como los vientos castos
sin coger de los árboles los astros

Mirad las lavanderas
nutriendo de colores las limpias faltriqueras

La espuma que levantan
sube a la misma altura
que esa copla que cantan

La luna muele estrell
sin música y sin agua
y el amor aburrido
            sube y baja

La marea es tu vient
traspasado de gracia
y el amor desde el ni
            rueda rueda
como el molino turbi
            de la arbole

Y por todo recuerdo
en el bolsillo mío el rumor de la presa
y un sabor de jabón en el remanso

            Los puentes fatigados
            sobre la orilla derecha
duermen en espiral como los gat

Tan sólo los devotos pescadores
se arrodillan y esperan
que de su caña broten flores y banderas

La noche se derrama
y rompe el horizonte

Estamos terminando el drama

Los puentes de resorte
caminan de sur a norte

Y mi barca se ha dormido
sin hacer ruido

Una hora sube al cielo

Y en la cruz hacen su nido
la golondrina y mi pañuelo

Son las brisas del mar
las que cierran la noche y mi cantar

RIMA

Homenaje a Bécquer

Tus ojos oxigenan los rizos de la lluvia
y cuando el sol se pone en tus mejillas
tus cabellos no mojan ni la tarde es ya rubia

Amor   Apaga la luna

No bebas tus palabras
ni viertas en mi vaso tus ojeras amargas
La mañana de verte se ha puesto morena

Enciende el sol   Amor
y mata la verbena

OTOÑO

A J. Chabás Martí

Mujer densa de horas
y amarilla de frutos
como el sol del ayer

El reloj de los vientos te vió florecer
cuando en su jaula antigua
se arrancaba las plumas el terco atardecer

El reloj de los vientos
despertador de pájaros pascuales
que ha dado la vuelta al mundo
y hace juegos de agua en los advientos

De tus ojos la arena fluye en un río estéril

Y tantas mariposas distraídas
han fallecido en tu mirada
que las estrellas ya no alumbran nada

Mujer cultivadora
de semillas y auroras

Mujer en donde nacen las abejas
que fabrican las horas

Mujer puntual como la luna llena

Abre tu cabellera   origen de los vientos
que vacía y sin muebles
mi colmena te espera

NOCHE DE REYES

A J. Díaz Fernández

El niño y el molino
han olvidado su único estribillo

Se ha callado la rueda en mi bemol
alrededor del pozo
por donde sube el agua y baja el sol

La mano en la mejilla
piensan las chimeneas que volarán un día

Hoy no vendrá la luna
ni pasará el borracho
entre el portal abierto y la canción de cuna

Aquí al pie del muro
fatigado del viaje
el viento se ha sentado

El policía lleno de fe
apunta las estrellas nuevas en el carnet

Y sin lograr atravesar el barrio
las fluviales carretas
cabecean en vano

Sólo cantan alegres las veletas

Las casas melancólicas
se peinan los tejados

Y una de ellas se muere
sin que nadie se entere

Esta noche no viene la luna
ni el farol al borracho le sirve de cuna

BAHÍA

A Luis Corona

Las semanas emergen
del fondo de los mares
y las algas decoran los bares

Para que tú te alejes y yo pueda cantar
esperaremos el regreso
del viento de artificio y de la pleamar

Por eso
y con un ruido que no es el de otras veces
en la bahía ha anclado
tu melena enmohecida
violín para los peces
y para los suicidas

GERARDO DIEGO

Venid a ver las nubes familiares
en mi taller todas las tardes
Son los naipes del cielo que nadie ha marchitado

El humo de la fábrica
hizo su nido en mi tejado
para los fumadores
que en la cartera llevan
en muestrario completo de habituales colores

Y mientras yo modelo mi retrato columna
sobre los montes delicados
pisa desnuda la lluvia

En las manos me deja
su corona de espinas
y cantando se aleja
sobre los techos y los climas

Tu cabellera gime sin poder levar anclas

Embárcame contigo
timonel de las galernas
Que el enjambre goloso de tus lluvias
se me pose en el hombro y en la pierna

RECITAL

Por las noches el mar vuelve a mi alcoba
y en mis sábanas mueren las más jóvenes olas

No se puede dudar
del angel volandero
ni del salto de agua   corazón de la pianola

La mariposa nace del espejo
y a la luz derivada del periódico
yo no me siento viejo

Debajo de mi lecho
                    pasa el río
y en la almohada marina
cesa ya de cantar el caracol vacío

3

ALDEA

Del campanario va a volar el día
pero las nubes mías no han vuelto todavía

Ni han regresado los corderos
de su viaje a la luna sin pacer los luceros

        Aplicando el oído sobre el césped
        en vez del tren o el grillo
        se oye una pieza de organillo

Y el pastor no sabe
que en su cabaña está la noche
y que el molino es el motor del baile

Las vacas del establo
quieren lamer el sol

            plato del día
      que sirven los pintores de fantasía

      Es la hora del cigarro y de la jaula

Sin mirar al reloj pernocta el gallo
y las estrellas tristes contemplan al caballo

HOTEL

A Alfonso Reyes

La frente sin laurel y sin sombrero
y el corazón para el color de moda

A cada nuevo baile
el reloj pierde el paso
y se equivoca de hora

El viento nace de tu manto
y acaricia las frutas
desgajadas del tango

Vendimia de las nubes pisoteadas
y de las músicas amadas

Y el ritmo de los suspiros
hace girar las parejas
y acercarse a nosotros el vestíbulo

Cerrando bien los ojos
pienso en las travesías
y en los hoteles que anclan la quilla envejecida

Son las islas trasatlánticas
donde crecen los mástiles
y dan frutos de invierno
donde los tísicos respiran
el oxígeno tierno

Al izar la bandera
esparce por los aires
plumas de cazadores y aromas de maderas

El otoño marchita corbatas y sombreros
y de la alfombra brota la primavera

Ruleta del azar y de las temporadas
Los jockeys de la moda sortean sus colores

Y aquel que pierde la jugada
tiene derecho a un vals para mudar de amores

Yo amo el buen tiempo y el hotel
y yo he visto mujeres de rizos calcinados
Las olas las rociaban de espumas de coktail

CANCIÓN DE CUNA

A Céline Arnauld

El viento de ida y vuelta
y el abanico en calma

El tren ha muerto en la estación de enfrente
y mi pañuelo cuelga de la rama más alta

Dejad que pasen los arroyos
Dejad que vuelen mis lágrimas
No permitáis en cambio que se acerquen
las ventanas lejanas

La noria seguirá
lavando los pañales
y la playa acunando
los náufragos triviales

VENDIMIA

Leñador del ocaso
que perfumas los astros a tu paso

Guarda bien el compás   buen leñador
y ten piedad del sol caído
único salvavidas del rubio nadador

Guarda bien el compás
pero no cantes jamás

Canción bajo los árboles sin sangre
y frente al mar de luto
En el parque hay un árbol desleal
y mi poema en flor ya se ha hecho fruto

Leñador musical

Tu canción la ha aprendido mi loro pasional
y a su medida justa desfilan los minutos

Quién no sabe el secreto del color
Rasgar la túnica del viento
y arrancar del humo póstumo
la fruta del amor

Pero tú leñador de las estrellas
no derribes sus hojas sobre el mar
que cuando el sol rescate la antigua primavera
se han de secar tu brazo y tu cantar

ADIÓS

Olvidados de la lluvia
se marchitarán mis dedos
No han de producir más flores
mis arrugados cabellos
ni la luna bajará
a coronarme el sombrero

Desde mañana
el sol ya no visita sus enfermos

Mujer
Lavandera fragante
del vinoso atardecer
que grabaste en la luna tantas veces

los emblemas nupciales
y en un pico del mar mis iniciales

Mujer

Cuando te alejes lenta sobre tu propia vida
veremos caer el sol
y las frutas podridas

Mientras tú bebas tus risas
balará mi acordeón
buscando entre los arbustos
ritmos de tu corazón

Los grillos contarán tus pasos diminutos

Ni la luna se hará llena
aunque me digas
                      te quiero
ni ha de bajar ya la nieve
a bendecirme el sombrero

NOVELA

A Paul Dermée

La verja del jardín se ha cruzado de brazos

        El viento ladra entre los troncos

El auto que pasaba se llevó los sollozos
y apaciguó el estanque

Diríase que el sol
se ha burlado del parque

He aquí los tres policías
a investigar el rapto
buscando huellas de la huída
por las teclas del piano

A cada nuevo indicio
un pájaro falso traspone el edificio
y sometida al interrogatorio
una estrella muda marcha al suplicio

Prosigamos adelante

La infatigable carretera
va y viene sin cesar por la ladera
Son las cinco de la tarde
Junto al arroyo el agua
y a muy pocos kilómetros la primavera

La luna corre para llegar antes

Dónde están los amantes

Apenas las esquinas ciudadanas
se despidieron
                    hasta mañana
cuando se vió saltar de un coche
del brazo del traidor
la inesperada noche

El reloj de la torre dilató su pupila

Y los gallos despistados
cuentan una hora más de las precisas

En todos los rincones hay un bulto
y una luz cuelga del balcón
A cada paso del transeunte
la luz cede y el cielo se resiente

Henos por fin ante el ladrón

El reloj ingenuo canta el crimen

Y entre el llorar de las cortinas
la luna estalla de pasión

La ciudad duerme en el sitio de costumbre

Y en el lugar del suceso
el farol asustado contempla al árbol preso

NIEVE

La noche marchó en tren
y el ala de mi verso se abre y se cierra bien

Hoy los corderos amontonan la risa

Es el día sin mar

Nunca estuvo tan cerca
la mujer hermosa
y el árbol escolar

La nieve sube y baja
y las orugas hilan la mortaja

PANORAMA

El cielo está hecho con lápices de colores
Mi americana intacta no ha visto los amores
Y nacido en las manos del jardinero
el arco iris riega los arbustos exteriores

Un pájaro perdido anida en mi sombrero

Las parejas de amantes marchitan el parquet

Y se oyen débilmente las órdenes de Dios
que juega consigo mismo al ajedrez

Los niños cantan por abril
La nube verde y rosa ha llegado a la meta
Yo he visto nacer flores

entre las hojas del atril
y al cazador furtivo matar una cometa

En su escenario nuevo ensaya el verano
y en un rincón del paisaje
la lluvia toca el piano

4

NUBES

A Eugenio D'Ors

Yo   pastor de bulevares
desataba los bancos
y sentado en la orilla corriente del paseo
dejaba divagar mis corderos escolares

Todo había cesado
Mi cuaderno
            única fronda del invierno
y el kiosko bien anclado entre la espuma

Yo pensaba en los lechos sin rumbo siempre
                                          [frescos
para fumar mis versos y contar las estrellas

Yo pensaba en mis nubes
                              olas tibias del cielo
que buscan domicilio sin abatir el vuelo

Yo pensaba en los pliegues de las mañanas bellas
planchadas al revés que mi pañuelo

Pero para volar
es menester que el sol pendule
y que gire en la mano nuestra esfera armilar

Todo es distinto ya

Mi corazón bailando equivoca a la estrella
y es tal la fiebre y la electricidad
que alumbra incandescente la botella

Ni la torre silvestre
distribuye los vientos girando lentamente
ni mis manos ordeñan las horas recipientes

Hay que esperar el desfile
de las borrascas y las profecías
Hay que esperar que nazca de la luna

el pájaro mesías

Todo tiene que llegar

El oleaje del cine es igual que el del mar
Los días lejanos cruzan por la pantalla
Banderas nunca vistas perfuman el espacio
y el teléfono trae ecos de batalla

Las olas dan la vuelta al mundo
Ya no hay exploradores del polo y del estrecho
y de una enfermedad desconocida
se mueren los turistas
la guía sobre el pecho

Las olas dan la vuelta al mundo

Yo me iría con ellas

Ellas todo lo han visto
No retornan jamás ni vuelven la cabeza
almohadas deshauciadas y sandalias de Cristo

Dejadme recostado eternamente

Yo fumaré mis versos y llevaré mis nubes
por todos los caminos de la tierra y del cielo

Y cuando vuelva el sol en su caballo blanco
mi lecho equilibrado alzará el vuelo

CUADRO

A Maurice Raynal

El mantel   jirón del cielo
es mi estandarte
y el licor del poniente
da su reflejo al arte

Yo prefiero el mar cerrado
y al sol le pongo sordina
Mi poesía y las manzanas
hacen la atmósfera más fina

Enmedio la guitarra

                    Amémosla

Ella recoge el aire circundante
Es el desnudo nuevo
venus del siglo o madona sin infante

Bajo sus cuerdas los ríos pasan
y los pájaros beben el agua sin mancharla

Después de ver el cuadro
la luna es más precisa
y la vida más bella

El espejo doméstico ensaya una sonrisa
y en un trasporte de pasión
canta el agua enjaulada en la botella

CAMINO

A Jorge Guillén

Yo ya sé que es estéril
la rueda indagatoria
pero esta puerta de aspas será siempre mi noria

Las manos vacías suben
Las estrellas se van
Mis monedas son flores
y un día se mustiarán

Desde aquel día ya no habrá pastores

La calle cambia de postura
como mi barca semanal

La misma luna vive
de un ritmo vegetal

Dejemos el compás para el joven poeta
y a los astrónomos la ruleta
Las mariposas de hoy aman la oficina
Y esto no se interpreta

                              Nuevo día

Sin embargo yo soy el que ayer se moría
cuando cada farol era una herida mía

En la estación del alba
han fijado el cartel
El sol consulta diariamente su ruta
y se provee de miel

A la orilla gastada del camino
mi sombra y yo nos despedimos

Y el tren que pasaba
ha dejado mis manos colmadas de racimos

ALEGORÍA

Vedme aquí caminando sobre mi propio verso
como el barco de la tarde
que deja sobre el mar un reguero de sangre

No os acerquéis vosotros a escucharme

                              ganadores del pan
                              y del licor de amor

Ya murió el último intérprete
Llevaba en la mano la flor natural

              Belleza sin jornal
              Belleza clásica
              de mi violín estival

Los pájaros aprenden mis endecasílabos
y la lluvia afina su guitarra enmohecida

Pasan bailando los días
Cada uno inventa una nueva figura
Y no creáis que esto es un juego

Es el verso sin humo
o el mar que se inaugura

Mi llave abre los trajes
y les extrae la carne interior

Corazón del vestido
Guardarropa y poesía sin dolor

NOCTURNO

A Manuel Machado

Están todas

También las que se encienden en las noches de
[moda
Nace del cielo tanto humo
que ha oxidado mis ojos

Son sensibles al tacto las estrellas
No sé escribir a máquina sin ellas

Ellas lo saben todo
Graduar el mar febril
y refrescar mi sangre con su nieve infantil

La noche ha abierto el piano
y yo las digo adiós con la mano

PASIÓN PENÚLTIMA

En su trineo bien atado
las golondrinas traen el viento
que encontraron en el pozo
                                              durmiendo

Probablemente hoy cantarán los amantes
y harán vivo el espacio las estrellas errantes

Hoy se siente romántico
el reloj en mi pecho
Y mientras pasa el marino
fumando su destino
el viento hace nacer las alas de mi lecho

Es la hora decisiva
La única hora todavía viva

GERARDO DIEGO

Árboles del camino
Mañana ensayaréis vuestro saludo en vano
Sin embargo
             algo queda

La estela de mi verso conduce al aeroplano
y los corderos llenan de humo la alameda

ECO

A Rodolfo Halftter

Repertorio del mar
Todos los días muda de programa y de traje

Cuánta música apócrifa
                        Cuánto color teñido
Y cómo copia el cielo
                        su tela y su oleaje

Un velero naufraga
y canta y canta y canta mi pañuelo

Se va alejando el mar
A veces se inclina un poco a la derecha
Pero siempre son nuevos sus versos de romance
mar exangüe de tantos mástiles y flechas

Los peces laboriosos
trenzando y destrenzando estelas

Está ya viejo el mar
Ya no puede cantar

y los navíos que cruzan
se deshojan de malestar

El color es ya aroma
y la música brisa

El último naufragio hoy a las seis

Mi flauta y la luna
hacen la espuma

LLUVIA

A G. Jean-Aubry

Puente arriba puente abajo
la lluvia está paseando
Del río nacen mis alas
y la luz es de los pájaros

Nosotros estamos tristes
Vosotros lo estáis también
Cuándo vendrá la primavera
a patinar sobre el andén

El invierno pasa y pasa
río abajo río arriba
Le ha visto la molinera
cruzar con la cabeza pensativa

5

El árbol cierra su paraguas
y de mi mano nace el frío
Pájaros viejos y estrellas
se equivocan de nido

Cruza la lluvia a la otra orilla
No he de maltratarla yo
Ella acelera el molino
y regula el reloj

El sol saldrá al revés mañana
y la lluvia vacía
volará a refugiarse en la campana

VENTANA

A José Bergamín

El violín descorre la cortina

Pende de un clavo la ventana

Aún está clausurado el paisaje

El sol   balón de oxígeno
mantiene puro el cuadro
y la lluvia hace el barnizaje

Esta casa está viva
Dos veces por minuto
la ventana respira

Y de mis manos surge
esta humareda votiva

En la pared el cuadro muere todos los años

Yo soy el pianista otoñal
Yo abro y cierro la noche como un libro
e interpreto la música
de mi cielo manual

Podéis elegir
La hora y la puerta

Pero después de amar hay que morir

El viento deja de nuevo en blanco mi cuaderno

Otra vez a empezar

No busquéis en el techo al planeta paterno

ESPECTÁCULO

A Francisco Vighi

A la derecha un resplandor

Es el rubor del cielo
o el calcetín inmaculado
arco iris del suelo

Todo está intacto

El pichón aprende el canto
y las reglas del vuelo
Hoy se renueva el río y el amor sin pacto

La música dirige el concilio de dioses
y la luna hace el entreacto

Otra vez el mar

Se ha declarado en huelga
y no quiere acompañar

El piloto descuida la estrella y el violín
y mi mano abanica los veleros cansados

Es como un solo de jardín
entre el murmullo de los prados

Buenos días

Es la primera vez que sale el sol sin hacer ruido

Y yo consulto en la guía
dónde se hace el trasbordo sin cambiar de vestido

Pasan las horas llevando mi equipaje
No sé si llegaré a tiempo al desenlace

Las estrellas se relevan por turno

Ultima hora

Un instante se ha visto

Era el astro anular
o la aureola de Cristo

El bosque y la orquesta lloran

En mi reloj son las cuatro

Cae sobre el mar la lluvia
como un telón de teatro

INDICE

LOS POEMAS DE ESTE LIBRO FUERON ESCRITOS EN LA
COSTA CANTÁBRICA, EN EL OTOÑO DE 1922.

LIBROS DE GERARDO DIEGO

VERSO

El Romancero de la Novia.—Madrid, 1920.— (Edición privada.)

Imagen.—Poema.—Madrid, 1922.

Soria.—Galería de estampas y efusiones.—Valladolid, 1923. (Edición privada.)

ANTOLOGÍA Y PROSA

Pedro de Medina Medinilla.—Égloga en la muerte de doña Isabel de Urbina.—Edición y prólogo de G. D.—Santander, 1924.

DE ESTE LIBRO SE HAN HECHO
EJEMPLARES EN PAPEL DE HILO

LOS PRIMEROS SEIS

CUADERNOS LITERARIOS

LOS SEGUNDOS SEIS

CUADERNOS LITERARIOS

CUADERNOS EN PREPARACIÓN

de Eugenio d'Ors, A. Machado, M. de Falla, J. Orte-
ga Gasset, F. García Lorca, Corpus Barga, Gabriel
Miró, R. Pérez de Ayala, P. Henríquez Ureña, Jorge
Guillén, Enrique de Mesa, Pedro Salinas, tc.

VENTA EXCLUSIVA EN «LA LECTURA»

PASEO DE RECOLETOS, 25, MADRID

ICONOGRAFÍA

Gerardo Diego en el muelle de Santander, años 30
[Archivo de Gerardo Diego, Madrid]

Barcos y canguiles en el Muelle de Maura, Santander, 1915
[Fondo Fotográfico, Archivo General Autoridad Portuaria de Santander]

Palacete del Embarcadero, Santander, ca. 1930
[Fondo Fotográfico, Archivo General Autoridad Portuaria de Santander]

Vicente Huidobro y Gerardo
Diego. Les Sables d'Olonne
(Francia), septiembre de 1923
[Archivo de Gerardo Diego,
Madrid]

Habitación del apartamento de Vicente Huidobro en la ca
Victor Massé de París. Sobre la chimenea objetos de arte
africano y dos arlequines, uno de Juan Gris y otro de Jac
Lipchitz. En las paredes y hogar de la chimenea, algunos
los poemas pintados de Huidobro: «Océan», «Minuit», «To
Eiffel» y «Marine». A la derecha, un cuadro de pintura
cubista [Archivo de Gerardo Diego, Madrid]

Cena en casa de Vicente Huidobro, 41, rue Victor Massé, París, septiembre de 1922. Sentados a la mesa, de izquierda a derecha: Lucie Kahnweiler, Juan Gris, Iliazd, Josette Gris, Fernand Léger, Daniel-Henry Kahnweiler, Jeanne Léger, Vicente Huidobro, Céline Arnauld. De pie: Gerardo Diego, Le Corbusier, Paul Dermée, Waldemar George, Louis Leiris. En las paredes se reconocen dos de los poemas pintados de Vicente Huidobro: «Kaléidoscope» y «Moulin». Le Corbusier sostiene una figurita de arte africano [Archivo de Gerardo Diego, Madrid]

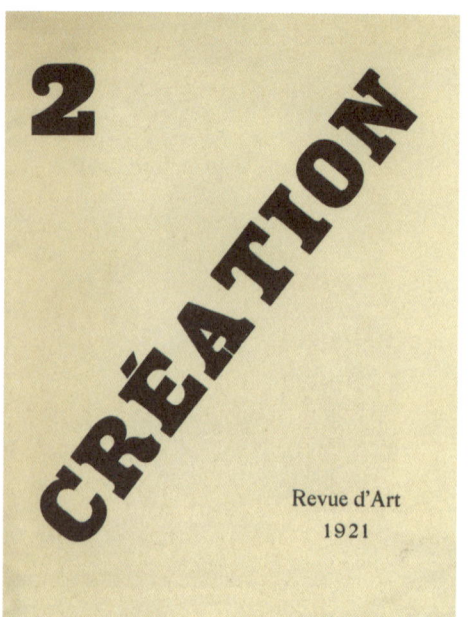

2

CRÉATION

Revue d'Art
1921

POEMAS ARTICOS

VICENTE HUIDOBRO

MADRID 1918

Vicente Huidobro. *Création: Revue d'Art*. 2 (noviembre de 1921) [Biblioteca de Gerardo Diego, Fundación Gerardo Diego, Santander]

Vicente Huidobro. *Tour Eiffel*. *Pochoir* de la cubierta de Robert Delaunay. Madrid: Imp. Pueyo, 1918 [Biblioteca de Gerardo Diego, Fundación Gerardo Diego, Santander]

Vicente Huidobro. *Poemas árticos*. Madrid: Imprenta Pueyo, 1918 [Biblioteca de Gerardo Diego, Fundación Gerardo Diego, Santander]

Céline Arnauld, Henri Laurens. En Céline Arnauld. *Tournevire*: roman. Paris: Editions de L'Esprit Nouveau, 1919 [Biblioteca de Gerardo Diego, Fundación Gerardo Diego, Santander]

Gerardo Diego. *Imagen*. Madrid: Gráfica Ambos Mundos, 1922 [Biblioteca de Gerardo Diego, Fundación Gerardo Diego, Santander]

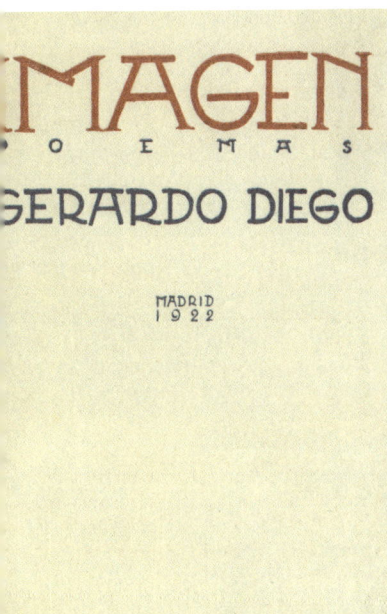

Gerardo Diego
en el muelle de
Santander, detalle,
años 30 [Archivo
de Gerardo Diego,
Madrid]

GERARDO DIEGO

MANUAL
DE ESPUMAS

CUADERNOS LITERARIOS

Gerardo Diego. *Manual de espumas*. Madrid: La Lectura, 1924 [Biblioteca
de Gerardo Diego, Fundación Gerardo Diego, Santander]

GERARDO DIEGO

trato de Gerardo Diego por José Moreno Villa. En: Gerardo Diego. *Manual de espumas.*
adrid: La Lectura, 1924 [Biblioteca de Gerardo Diego, Fundación Gerardo Diego, Santander]

Índice